AKZO
26.06.89

alblasserwaard

KIJK OP EEN POLDER

UITGAVE VAN: PHOENIX & DEN OUDSTEN UITGEVERS B.V. ROTTERDAM
ONDER AUSPICIËN VAN LIONS CLUB ALBLASSERWAARD TABLIS.

'Alblasserwaard, kijk op een polder', is een uitgave van
Phoenix & den Oudsten uitgevers bv te Rotterdam.

Copyright © 1986

Fotografie:
Foto- en Filmclub 'Close Up', Oud-Alblas (B. Bouwmeester,
H. Verhage, J. Vermeulen, P. Bakker, H. Lamm, A. de Jong,
J. de Lange, M. Vos, H. Wagensveld, C. Oliemans, B. Bakx)
Aero Camera, Bart Hofmeester B.V., Rotterdam
(omslag + foto's pag. 10, 40, 85, 94)

Tekst en Samenstelling:
Lions Club Alblasserwaard Tablis.

Vormgeving:
F.G.J. Fortanier/Phoenix & den Oudsten bv

Lithografie, druk- en bindwerk:
Phoenix & den Oudsten bv, Rotterdam

ISBN 90-71082-03-2

CIP-gegevens Koninklijke Bilbliotheek, Den Haag

Alblasserwaard

Alblasserwaard: kijk op een polder
(tekst en samenst.: Lions Club Alblasserwaard Tablis).
Rotterdam: Phoenix & den Oudsten. - Foto's
Tekst in het Nederlands, Engels, Frans, Duits.
Uitg. onder auspiciën van Lions Club Alblasserwaard Tablis.
ISBN 90-71082-03-2 geb.
SISO zhol 986.2 UDC 914.926.19(084.12)
Trefw.: Alblasserwaard: fotoboeken.

Alblasserwaard

Uit recente archeologische vondsten is gebleken dat omstreeks 2000 jaar voor Chr. de mens reeds getracht heeft zich in dit toenmalig moerassige deltagebied van Rijn en Maas te vestigen.
Toch heeft het na het begin van onze jaartelling nog vele eeuwen geduurd voordat van een permanente bewoning van de Alblasserwaard sprake was en langzaam maar zeker de dorpen ontstonden die thans in dit gebied liggen.
Om dit mogelijk te maken moesten dijken worden opgeworpen om het gebied te beschermen tegen zijn grootste vijand 'het water'.
Ook werden vaarten en sloten gegraven om vervoer te water mogelijk te maken vanwege het ontbreken van goede wegen, maar meer nog om een goede waterafvoer te bewerkstelligen. Tientallen molens werden gebouwd om hierbij behulpzaam te zijn en gelukkig zijn er hiervan nog vele overgebleven die als monument in stand worden gehouden en een sieraad zijn in het polderlandschap.
Omdat in eerste aanleg de dijken niet al te stevig waren en de veenachtige ondergrond vaak sterk waterdoorlatend was en weinig draagkracht bezat, baarde de instandhouding van deze dijken een voortdurende zorg.
Vele malen konden zij de kracht van het door storm opgestuwde water of het kruiend ijs niet weerstaan en werden er grote bressen in geslagen. De kolkende watermassa stortte zich dan in de Alblasserwaard en eiste vaak vele slachtoffers onder mens en dier.
Ook vele boerderijen, woningen en andere bouwwerken gingen hierbij verloren. Gevelstenen in sommige in tact gebleven boerderijen langs de Graafstroom geven hier en daar nog het jaartal en de waterhoogte aan van deze watervloeden. De laatste maal dat de dijken het begaven was bij de stormvloedramp van 1953 toen ook een groot gedeelte van dit gebied onder water kwam te staan.
Nu echter de Deltawerken bijna zijn voltooid en ook de dijken rond de Alblasserwaard op Deltahoogte worden gebracht mag worden verwacht dat de machtigste vijand van dit gebied thans is bedwongen.
Ondanks de vele tegenslagen die in de loop der eeuwen dit gebied hebben getroffen is door de noeste arbeid der bewoners toch een vruchtbaar en fraai weidegebied ontstaan terwijl de industrieën zich in hoofdzaak hebben gevestigd langs de rivierdijken.
Door de recente ruilverkaveling is het voor veel agrariërs mogelijk geworden hun bedrijf te verplaatsen of te moderniseren waardoor vergroting van de bedrijven en een economischer bedrijfsvoering werd gerealiseerd.
Tevens zijn bij deze ruilverkaveling diverse nieuwe wegen en recreatieve voorzieningen aangelegd zoals bospercelen, wandel- en fietspaden e.d. waardoor dit gebied ook voor de rustzoekende recreanten zeer aantrekkelijk is geworden. De vele fraaie foto's in dit boek zullen u hopelijk de overtuiging geven dat de Alblasserwaard één van de mooiste gebieden van ons land is en u doen besluiten om de rustieke dorpjes met hun vele oude boerderijen langs kronkelende, vaak visrijke, watertjes met een bezoek te vereren.

Alblasserwaard

It has become apparent from recent archeological findings that, about 2000 years B.C., man had already tried to settle in the then marshy delta area of the Rhine and the Maas.
However, after the beginning of our era, many centuries passed before there was any question of a permanent settlement in the Alblasserwaard, and it was only slowly but surely that the villages at present situated in this area came into being.
In order to make this possible, dykes had to be constructed to protect the area from its greatest enemy 'the water'.
Canals and ditches were also dug out in order to provide for transport by water because of the lack of good roads, but more so to ensure good drainage.
Dozens of windmills were built to help in this and, fortunately, a great many of them have survived and are now preserved as monuments, providing a picturesque sight in the polder landscape.
Because, when the dykes were first constructed, they were none too firm and the peaty sub-soil was often porous and had little bearing capacity, keeping these dykes in good order was a continuous concern.
On many occasions they could not withstand the force of the water mass or the drifting ice caused by the storm, and large breaches were the result. Swirling water then poured into the Alblasserwaard and often claimed many victims, both man and beast.
Many farm buildings too, houses and other structures were lost because of this. Facade bricks in some of the farm buildings which remained intact along the Graafstroom still, here and there, show the year and the height of the water in these floods.
The last time that the dykes gave way was in the storm flood disaster of 1953. Then, too, a large part of the area was submerged.
However, now that the Deltaworks are almost completed and the dykes surrounding the Alblasserwaard are also being brought up to Delta level, it may be expected that the most powerful enemy of this area has now been conquered.
In spite of the many setbacks which this area has suffered in the course of the centuries, the indefatigable work of the inhabitants has resulted in an attractive and fertile pasture area coming into being whilst industries have mainly been established along the river dykes.
Thanks to the recent land consolidation, it has been possible for most farmers to move or modernise their farms and this has resulted in the realisation of larger individual holdings, leading to a more economic management.
At the same time, in this re-parcelling, various new roads and recreational facilities have been made such as areas of woodland, foot and bicycle paths and suchlike whereby this region has become very attractive for recreation seekers who like peace and quiet.
The many photographs in this book will, we hope, give you the assurance that the Alblasserwaard is one of the most beautiful areas in our country and make you decide to honour it with a visit to the rustic villages with their many old-established farms by the side of winding streams which often abound in fish.

Alblasserwaard

Des découvertes archéologiques récentes ont montré que 2000 ans environ avant Jésus-Christ, les hommes ont tenté de s'installer dans cette zone marécageuse à l'époque du delta du Rhin et de la Meuse.
Il a toutefois fallu encore plusieurs siècles après le début de notre ère avant qu'on ne puisse parler d'un habitat permanent dans l'Alblasserwaard, et c'est lentement mais sûrement que sont nés les villages qui se trouvent dans cette zone.
Il a fallu pour cela bâtir des digues pour protéger la zone de son plus grand ennemi: l'eau.
O y a creusé également des canaux et des rigoles pour permettre le transport par l'eau, faute de routes correctes, mais encore davantage pour réaliser une bonne évacuation de l'eau.
Des dizaines de moulins ont été construits à cet usage, et, fort heureusement, il en reste encore beaucoup que l'on maintient en état comme monuments et qui enjolivent le paysage de Polder.
Comme dans leur première version, les digues n'étaient pas très solides et que le sol tourbeux laissait souvent beaucoup passer l'eau et possédait un pouvoir porteur limité, le maintien en état de ces digues réclamait des soins incessants.
En de nombreuses occasions, elles n'ont pas pu résister à la force des eaux poussées par la tempête ou à celle de la glace en dérive, et de fortes brèches s'y sont produites.
La masse d'eau tourbillonnante se ruait alors dans l'Alblasserwaard et souvent beaucoup d'hommes et animaux en étaient les victimes.
Beaucoup de fermes, maisons et autres bâtiments y étaient également perdus. Des pierres de façade dans quelques fermes demeurées intactes le long du 'Graafstroom' indiquent encore ça et là l'année et la hauteur atteinte par l'eau au cours de ces inondations.
La dernière fois que les digues ont cédé, c'était au cours des inondations catastrophique de 1953, lorsqu'une grande partie de cette zone s'est trouvée également sous l'eau.
Maintenant toutefois que les travaux du delta sont presque achevés, et que les digues autour de l'Alblasserwaard ont elles aussi été remontées à la 'hauteur du delta', on peut penser que le plus puissant ennemi de cette zone est maté.
Malgré les nombreux coups du sort qui ont touché cette zone au cours des siècles, le travail infatigable des habitants a permis de faire naître une magnifique région de prairies fertiles, cependant que l'industrie s'est installée principalement le long des digues des fleuves.
Du fait du remembrement récent, il a été possible pour beaucoup de paysans de déplacer ou de moderniser leur entreprise, ce qui a permis de réaliser l'agrandissement des entreprises et une exploitation plus économique.
Dans un même temps, avec ce remembrement, on a construit plusieurs nouvelles routes et des aménagements pour les loisirs, tels que des parcelles boisées, des chemins pour piétons ou cycles etc..., qui ont permis à cette zone de devenir également très attirante pour celui qui veut se distraire dans le calme.
Les nombreuses et superbes photos de ce livre vous convaincront, nous l'espérons, que l'Alblasserwaard est une des plus belles régions de notre pays et vous décideront à honorer d'une visite les petits villages rustiques avec leurs nombreuses vieilles fermes le long des petites voies d'eau, sinueuses et souvent très poissonneuses.

Alblasserwaard

Aus archeologischen Funden aus letzter Zeit geht hervor, daß der Mensch schon etwa 2000 Jahre vor unserer Zeitrechnung versucht hat, sich in diesem damals sumpfigen Deltagebiet von Rhein und Maas niederzulassen.
Trotzdem hat es nach dem Beginn unserer Zeitrechnung noch viele Jahrhunderte gebraucht, bis von einer ständigen Bewohnung des Alblasserwaard die Rede war und allmählich die Dörfer entstanden, die jetzt in diesem Gebiet liegen.
Um dies zu ermöglichen, mußten Deiche gebaut werden, um das Gebiet vor seinem größten Feind, dem Wasser, zu schützen.
Auch wurden Kanäle und Gräben ausgehoben, um wegen des Fehlens guter Landverbindungen den Transport über Wasser zu ermöglichen aber mehr noch um eine gute Entwässerung zu bewirken.
Dutzende von Mühlen wurden gebaut, um dabei eingesetzt zu werden, und zum Glück sind viele davon noch erhalten, die als Monumente erhalten werden und eine Zierde der Polderlandschaft sind.
Weil der erste Bau keinen besonders starken Deich zum Ergebnis hatte und der moorartige Untergrund oft stark wasserdurchlässig war und nur geringe Tragfähigkeit hatte, war die Instandhaltung der Deiche eine ständige Sorgenquelle.
Sehr oft konnten sie der Gewalt des durch Stürme aufgepeitschten Wassers oder des Eisstaus nicht standhalten, wodurch große Breschen in den Deichen geschlagen wurden. Die tobenden Wassermassen stürzten sich dann in den Alblasserwaard und forderten unter Menschen und Tieren viele Todesopfer.
Auch viele Bauernhöfe, Wohnungen und andere Gebäude gingen dabei verloren. Viele Giebelsteine in einigen erhaltenen Bauernhöfen am Graafstroom geben hier und dort noch das Jahr und den Wasserstand dieser Wasserfluten an. Der letzte Deichdurchbruch war die Sturmflutkatastrophe im Jahre 1953, als auch ein großer Teil dieses Gebiets überschwemmt wurde.
Jetzt aber, wo der Deltaplan nahezu vollendet ist und auch die Deiche um den Alblasserwaard auf die Deltahöhe gebracht werden, darf man erwarten, daß der mächtigste Feind dieses Gebietes jetzt gezähmt ist.
Trotz der vielen Rückschläge, die dieses Gebiet im Laufe der Jahrhunderte getroffen haben, ist durch die harte Arbeit der Bewohner noch ein fruchtbares und schönes Weidegebiet entstanden, während sich die Industrieunternehmen vorwiegend an den Flußdeichen niedergelassen haben.
Durch die vor kurzem durchgeführte Flurbereinigung ist es vielen Bauern möglich geworden, ihren Landwirtschaftsbetrieb umzusiedeln oder zu modernisieren, wodurch Betriebsvergrößerungen und eine wirtschaftlichere Betriebsführung realisiert worden sind.
Zugleich sind mit dieser Flurbereinigung mehrere neue Verkehrswege und Erholungsanlagen eingerichtet worden, beispielsweise Waldgebiete, Spazier- und Radwege usw., wodurch dieses Gebiet auch für den Erholungsuchenden reizvoll geworden ist.
Die vielen schönen Bilder in diesem Buch werden Sie hoffentlich davon überzeugen, daß der Alblasserwaard eines der schönsten Gebiete der Niederlande ist, und Sie veranlassen, die ländlichen Dörfchen mit deren vielen alten Bauernhöfen an den sich durch die Landschaft schlängelnden, oft fischreichen kleinen Gewässern zu besuchen.

alblasserwaard

KIJK OP EEN POLDER

- Een Wipmolen in de Alblasserwaard.
- A smock windmill in the Alblasserwaard.
- Un moulin araignée à Alblasserwaard.
- Eine Bockwindmühle im Alblasserwaard.

• Het riviertje de Alblas. • The small Alblas river. • La petite rivière Alblas. • Der fluß die Alblas.

- Dotterbloemen langs een sloot.
- King-cups along a ditch.
- Soucis d'eau le long d'un fossé.
- Sumpfdotterblumen am Grabenrand.

- Herkauwende koeien.
- Cows chewing the cud.
- Vaches 'ruminantes'.
- Wiederkäuende Kühe.

- Kerk van Bleskensgraaf.
- Bleskensgraaf church.
- L'église de Bleskensgraaf.
- Die Kirche von Bleskensgraaf.

- Afbraak - opbouw?
- Demolition or building up?
- Démolition - construction?
- Abbruch - Aufbau?

- Oude boerderij.
- Old farm.
- Ancienne ferme.
- Alter Bauernhof.

- Oud landarbeidershuisje 'De Theebus'.
- Old farm worker's house 'De Theebus' (the tea caddy).
- 'De Theebus', ancienne maison d'ouvrier agricole.
- Altes Landarbeiterhäuschen 'Die Teebüchse'.

- Zo hoog stond het water bij drie overstromingen.
- The water stood so high in three floods.
- L'eau était arrivée à cette hauteur après trois inondations.
- So hoch reichte das Wasser bei drei Überschwemmungen.

- De Graafstroom bij Molenaarsgraaf.
- The Graafstroom near Molenaarsgraaf.
- La rivière Graafstroom à Molenaarsgraaf.
- Der Graafstroom bei Molenaarsgraaf.

- Bruggetjes tussen Brandwijk en Molenaarsgraaf.
- Small bridge between Brandwijk and Molenaarsgraaf.
- Petit pont entre Brandwijk et Molenaarsgraaf.
- Brücke zwischen Brandwijk und Molenaarsgraaf.

- De Graafstroom bij Brandwijk.
- The Graafstroom near Brandwijk.
- La rivière Graafstroom à Brandwijk.
- Der Graafstroom bei Brandwijk.

- Moderne boerderijen langs ruilverkavelingsweg.
- Modern farms along the land consolidation road.
- Fermes modernes le long du chemin de remembrement.
- Moderne Landwirtschaftsbetriebe an einem Flurbereinigungsweg.

- Peursumsevliet bij Giessenburg.
- Peursumsevliet near Giessenburg.
- Le petit cours d'eau Peursumsevliet à Giessenburg.
- Peursumsevliet bei Giessenburg.

- Boerderij aan de Giessen.
- Farm by the Giessen.
- Ferme le long du Giessen.
- Bauernhof an der Giessen.

- Kerk van Hoornaar.
- Hoornaar church.
- L'église de Hoornaar.
- Kirche von Hoornaar.

- 'Herbergh' in Hoornaar.
- 'Herbergh' (inn) in Hoornaar.
- 'Herbergh' (l'auberge) à Hoornaar.
- 'Herbergh' (Wirtshaus) in Hoornaar.

- Knotwilgen.
- Pollard willows.
- Saules taillés en têtard.
- Kopfweiden.

- Schelluinderberg.

- Sluis in Merwedekanaal te Gorinchem.
- Lock in the Merwede canal, Gorinchem.
- Ecluse du canal Merwedekanaal à Gorinchem.
- Schleuse im Merwedekanal in Gorinchem.

- Stadswallen Gorinchem.
- Town walls in Gorinchem.
- Remparts de Gorinchem.
- Stadtmauern von Gorinchem.

- St.-Janstoren te Gorinchem.
- St. Jan's Tower in Gorinchem.
- Les toure Saint Jean à Gorinchem.
- St. Jansturm in Gorinchem.

- Draaiorgel in Gorinchem.
- Barrel-organ in Gorinchem.
- Orgue de barbarie à Gorinchem.
- Drehorgel in Gorinchem.

- Oud sluisje tussen Linge en Merwede.
- Old small lock between Linge and Merwede.
- Ancienne petite écluse entre Linge et Merwede.
- Alter Schleuse zwischen Linge und Merwede.

- De oude Lingehaven van Gorinchem.
- The old Gorinchem Linge harbour.
- Le vieux 'Lingehaven' (petit port) de Gorinchem.
- Der alte Lingehaven von Gorinchem.

- Fontein voor stadhuis te Gorinchem.
- Fontain in front of Gorinchem town hall.
- Fontaine devant l'Hôtel de Ville de Gorinchem.
- Springbrunnen vor dem Rathaus in Gorinchem.

- Winkeltje te Gorinchem.
- Small shop in Gorinchem.
- Petit magasin à Gorinchem.
- Tante Emma-Laden in Gorinchem.

- 'Vervoer te water'.
- 'Water transport'.
- 'Transport sur l'eau'.
- 'Transport über Wasser'.

- Brug over Merwede bij Gorinchem.
- Bridge over the Merwede near Gorinchem.
- Pont sur le Merwede près de Gorinchem.
- Brücke über die Merwede bei Gorinchem.

- Duwvaart.
- Push barges.
- Poussage.
- Schubschiffahrt.

- Lente.
- Spring.
- Printemps.
- Der Lenz.

- Rustiek plekje in de waard.
- Rustic spot in the polder.
- Endroit rustique dans le polder.
- Ländliche Stelle im Werder.

- Emmers van een baggermolen.
- Dredger buckets.
- Godets de drague.
- Baggereimer.

- Baggerbedrijf.
- Dredging (firm).
- Enterprise de dragage.
- Baggerunternehmen.

- Scheepswerf bij Hardinxveld-Giessendam.
- Shipyard near Hardinxveld-Giessendam.
- Chantier naval à Hardinxveld-Giessendam.
- Schiffswerft bei Hardinxveld-Giessendam.

- Kleine Scheepswerf.
- Small shipyard.
- Petit chantier naval.
- Kleine Schiffswerft.

- 'Bakken' voor baggerspecie.
- Sludge barges.
- 'Godets' pour la vase.
- Eimer für Baggerschlamm.

- Zandpomp van een zandzuiger.
- Sand pump from a suction dredger.
- Pompe à sable d'une suceuse à sable.
- Sandpumpe eines Sandsaugers.

- Baggermuseum te Sliedrecht.
- Dredging museum in Sliedrecht.
- Musée de la drague à Sliedrecht.
- Baggermuseum in Sliedrecht.

- Sliedrecht, dorp van baggeraars.
- Sliedrecht, the dredgers' village.
- Sliedrecht, village des dragueurs.
- Sliedrecht, Dorf von Baggerleuten.

- Emmerbaggermolen uit 1931.
- Bucket dredger from 1931.
- Drague à godets de 1931.
- Eimerbaggermühle aus dem Jahre 1931.

- Spoorbrug bij Sliedrecht naar een door rivieren omgeven polder.
- Railway bridge near Sliedrecht to a polder surrounded by rivers.
- Pont de chemin de fer près de Sliedrecht vers un polder entouré de rivières.
- Eisenbahnbrücke bei Sliedrecht zu einem von Flüssen umschlossenen Polder.

• Molens aan de Alblas. • Windmills by the Alblas. • Moulins le long de l'Alblas. • Mühlen an der Alblas.

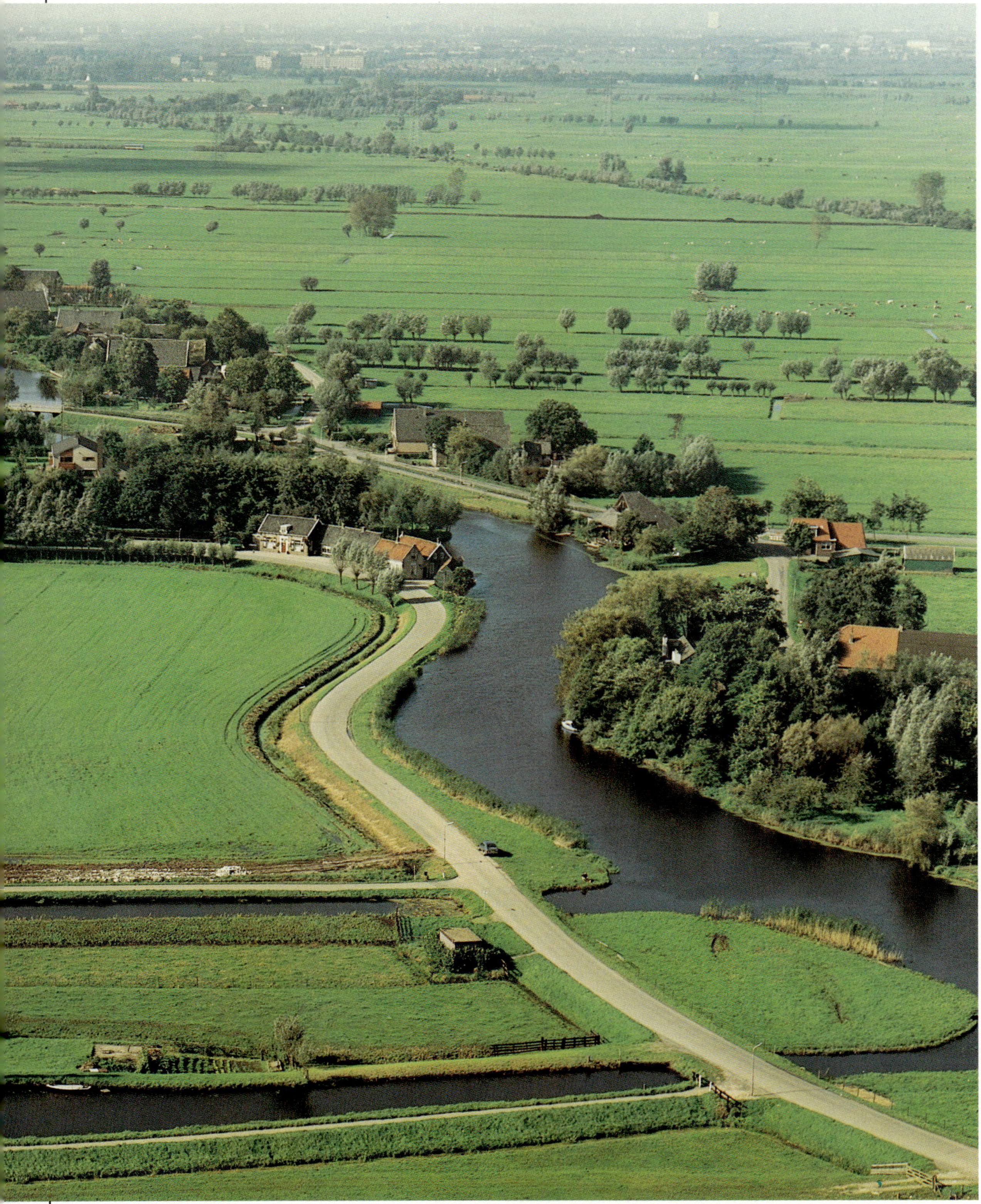

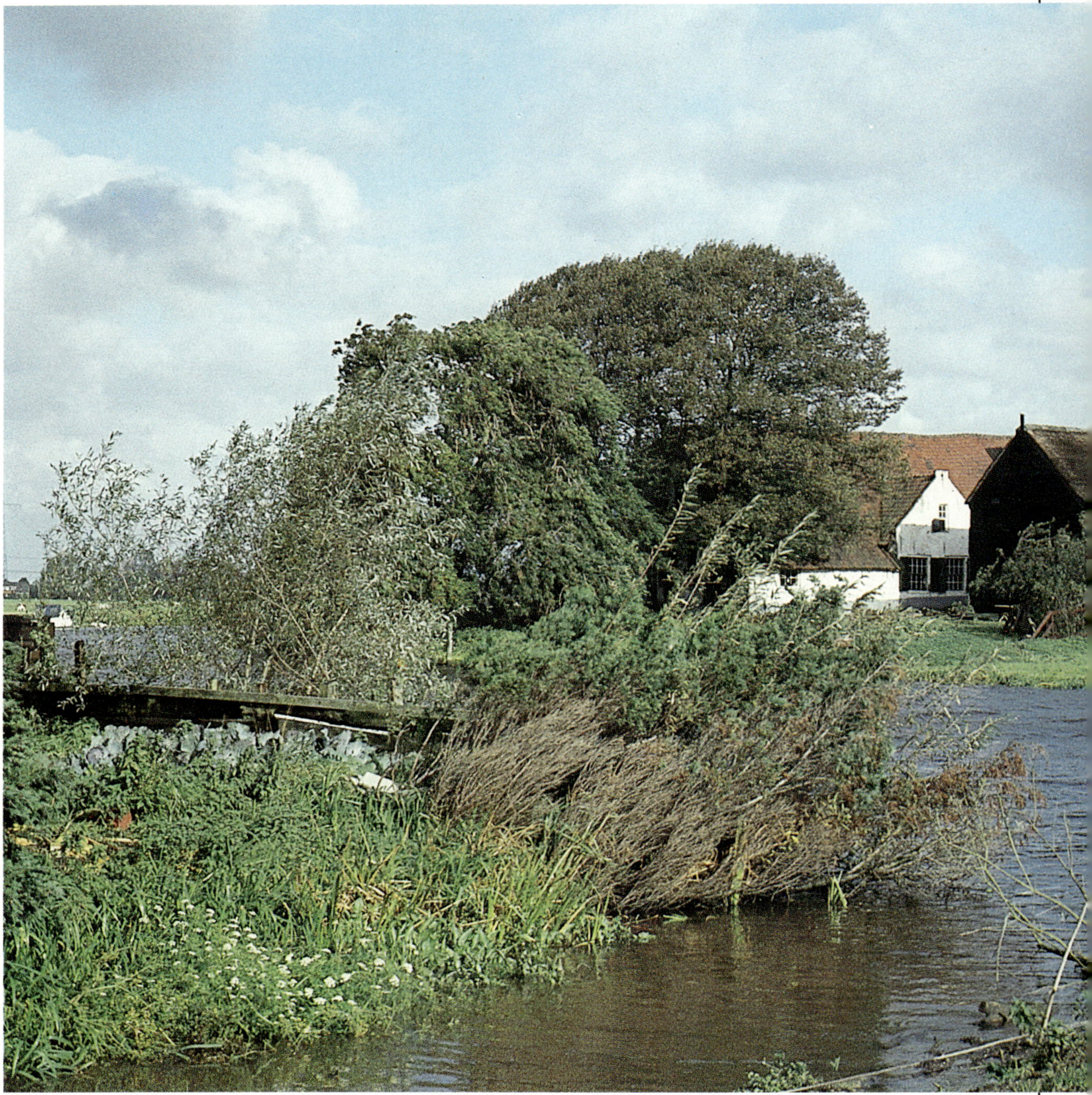

- Pijlkruid.
- Arrowhead.
- Sagette.
- Pfeilkraut.

- Oude boerderij aan de Alblas.
- Old farm by the Alblas.
- Ancienne ferme le long de l'Alblas.
- Alter Bauernhof an der Alblas.

- Boerenerf.
- Farmyard.
- Cour de ferme.
- Hofraum.

- 'Doorkijkje'.
- 'Through view'.
- 'Trouée'.
- 'Durchblick'.

- Bomen als zonwering.
- Trees for protection from the sun.
- Arbres 'pare-soleil'.
- Bäume als Sonnenschutz.

- Een wetering (afwatering) op een mistige morgen in Oud Alblas.
- A watercourse (drainage) on a misty morning in Oud Alblas.
- Une wateringue (assèchement) un matin de brume à Oud Alblas.
- Ein Entwässerungsgraben (sog. 'wetering') an einem nebligen Morgen in Oud Alblas.

- Een bijna historische manier van melk ophalen.
- An almost historic way of collecting milk.
- Une manière presque historique de ramassage du lait.
- Diese Weise des Milchsammelns is fast ein Bild vergangener Zeiten.

- Winterimpressie.
- Winter impression.
- Impression d'hiver.
- Winterimpression.

- Korenmolen 'De Hoop' op een winterse dag.
- 'De Hoop' cornmill on a winter's day.
- Moulin à blé 'De Hoop' un jour d'hiver.
- Getreidemühle 'De Hoop' an einem winterlichen Tag.

- Schaatsen op de Alblas.
- Skating on the Alblas.
- Patinage sur l'Alblas.
- Schlittschuhlaufen auf der Alblas.

- Roeibootje in het ijs.
- Rowing boat in the ice.
- Canot dans la glace.
- Ruderboot im Eis.

- Winter.
- Winter.
- Hiver.
- Winter.

- Hollandse wintersport.
- Dutch winter sport.
- Sports d'hiver hollandais.
- Wintersport auf Holländisch.

- Winter in de Alblasserwaard.
- Winter in the Alblasserwaard.
- Hiver à Alblasserwaard.
- Winter im Alblasserwaard.

- Zicht op Dordrecht.
- View on Dordrecht.
- Vue sur Dordrecht.
- Blick auf Dordrecht.

- Kruispunt van grote rivieren bij Papendrecht.
- Crossing point of big rivers near Papendrecht.
- Carrefour des grandes rivières à Papendrecht.
- Kreuzung großer Flüsse bei Papendrecht.

- Merwedebrug bij Papendrecht.
- Merwede bridge near Papendrecht.
- Pont Merwedebrug à Papendrecht.
- Merwedebrücke bei Papendrecht.

- Industrieterrein bij Papendrecht.
- Industrial site near Papendrecht.
- Terrains industriels à Papendrecht.
- Industriegebiet bei Papendrecht.

- Haventje bij Papendrecht.
- Small harbour near Papendrecht.
- Petit port à Papendrecht.
- Hafen bei Papendrecht.

- 'Rust'.
- 'Rest'.
- 'Repos'.
- 'Ruhe'.

- Watersport.
- Water sport.
- Sports nautiques.
- Wassersport.

- Moderne kerk.
- Modern church.
- Nouvelle église.
- Moderne Kirche.

- Nieuw politiebureau te Papendrecht.
- New police station in Papendrecht.
- Nouveau bureau de police à Papendrecht.
- Neue Polizeiwache in Papendrecht.

- Opvallende architectuur in Papendrecht.
- Conspicuous architecture in Papendrecht.
- Architecture remarquable à Papendrecht.
- Auffällige Architektur in Papendrecht.

- Busstation in Papendrecht.
- Bus station in Papendrecht.
- Gare des bus à Papendrecht.
- Busterminal Papendrecht.

- Beeldhouwkunst.
- Sculpture.
- Sculpture.
- Bildhauerkunst.

- 'Nog veel te leren'.
- 'Still a lot to learn'.
- 'Encore beaucoup à apprendre'.
- 'Noch viel zu lernen'.

- Fontein in Papendrecht.
- Fontain in Papendrecht.
- Fontaine à Papendrecht.
- Springbrunnen in Papendrecht.

- Hollandse luchten.
- Dutch skies.
- Atmosphère hollandaise.
- Holländische Himmel.

- Waterlelie.
- Water lily.
- Nénuphar.
- Wasserrose.

- Gestoffeerd met waterlelies.
- 'Upholstered' with water lilies.
- 'Garni' de nénuphars.
- Mit Wasserrose beschmückt.

- Ochtend in de Waard.
- Morning in the polder.
- Un matin sur le Waard.
- Morgendämmerung im Werder.

- Groene Kikker.
- A green frog.
- Grenouille verte.
- Grüner Frosch.

- Watervogels voelen zich in dit gebied thuis.
- Waterfowl also feel themselves at home in this area.
- Les oiseaux aquatiques eux aussi se sentent chez eux dans cette région.
- Die Wasservögel fühlen sich in diesem Gebiet heimisch.

- Souburgh, de kleinste polder (± 60 ha.).
- Souburgh, the smallest polder (± 60 hectares).
- Souburgh, le plus petit polder (± 60 ha.).
- Souburgh, der kleinste Polder (± 60 ha.).

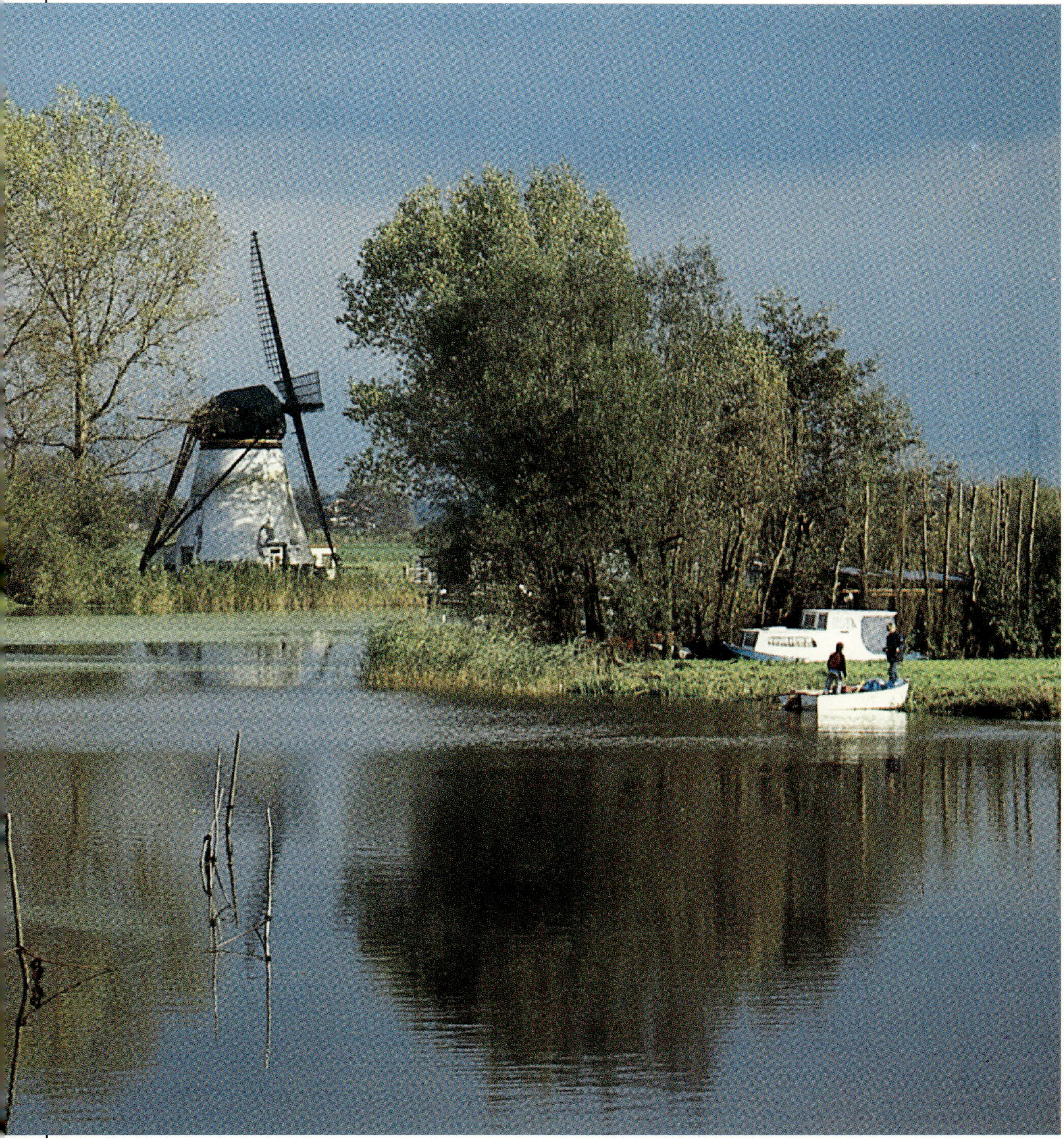

- Staalindustrie.
- Steel industry.
- Industrie de l'acier.
- Stahlindustrie.

- Scheepswerf te Alblasserdam.
- Shipyard in Alblasserdam.
- Chantier naval à Alblasserdam.
- Schiffswerft in Alblasserdam.

- Brug bij Alblasserdam.
- Bridge near Alblasserdam.
- Pont près d'Alblasserdam.
- Brücke bei Alblasserdam.

- Scheepsbouwkranen.
- Shipbuilding cranes.
- Grues pour la construction de bateaux.
- Schiffsbaukräne.

- Paardemarkt in Alblasserdam.
- Horse market in Alblasserdam.
- Marché aux chevaux à Alblasserdam.
- Pferdemarkt in Alblasserdam.

- 'Paardenkoopman'.
- 'Horse dealer'.
- Marchand de chevaux.
- Roßhändler.

- Hoefinspectie.
- Hoof inspection.
- Inspection du sabot.
- Hufe-inspektion.

- Jachthaven van Alblasserdam.
- Yacht harbour in Alblasserdam.
- Port de plaisance d'Alblasserdam.
- Jachthafen von Alblasserdam.

- Bladwesp.
- Sawfly.
- Tenthrèdes.
- Blattwespe.

- Hooibouw.
- Hay-making.
- Fenaison.
- Heuernte.

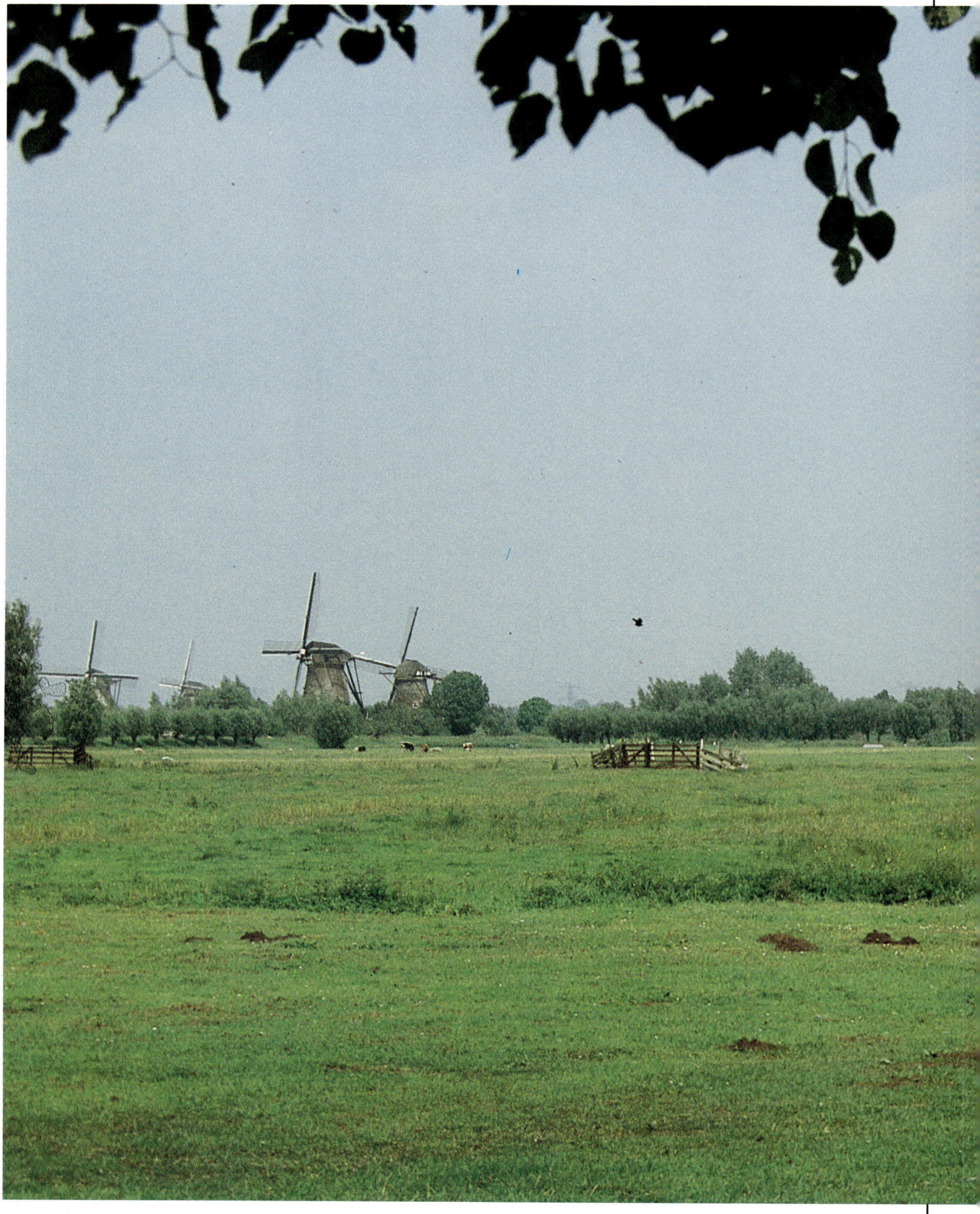

• Kinderdijk.

• Wilgeroos.
• Willowherb.
• Epilobe.
• Weidenröschen.

- Fietsend langs de molens.
- Cycling past the windmills.
- A vélo le long des moulins.
- Mühlentour mit dem Rad.

- Gele Plomp.
- Yellow waterlily.
- Nénuphar jaune.
- Gelbe Mummel.

- Molens Nederwaard.
- Nederwaard windmills.
- Moulins Nederwaard.
- Mühlen des Nederwaard.

- Grazende koeien.
- Grazing cattle.
- Vaches en train de paître.
- Grasende Kühe.

- Zwanebloem.
- Flowering rush.
- Jonc fleuri.
- Wasserliesch.

- Molens Overwaard.
- Overwaard windmills.
- Moulins Overwaard.
- Mühlen Overwaard.

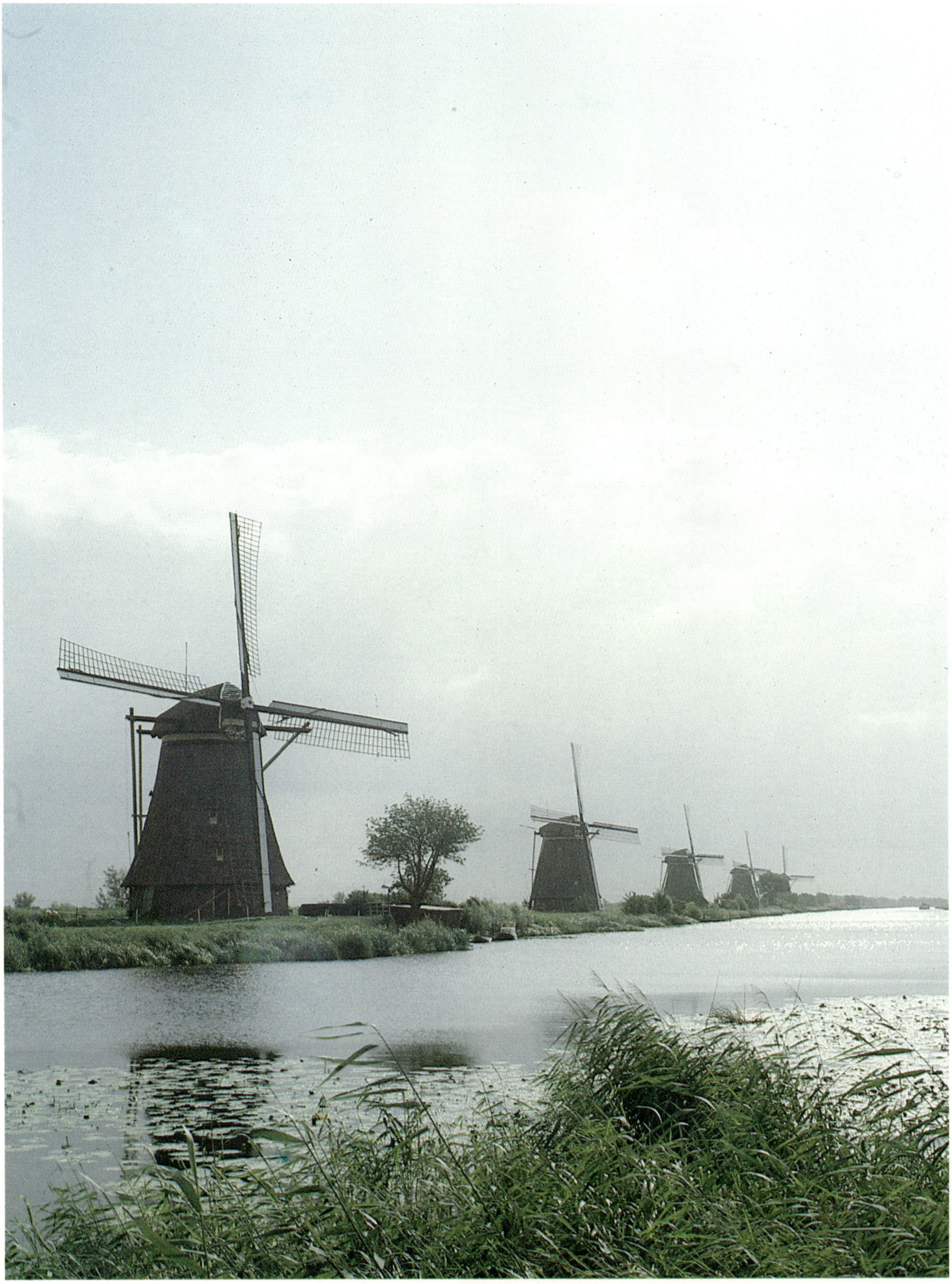

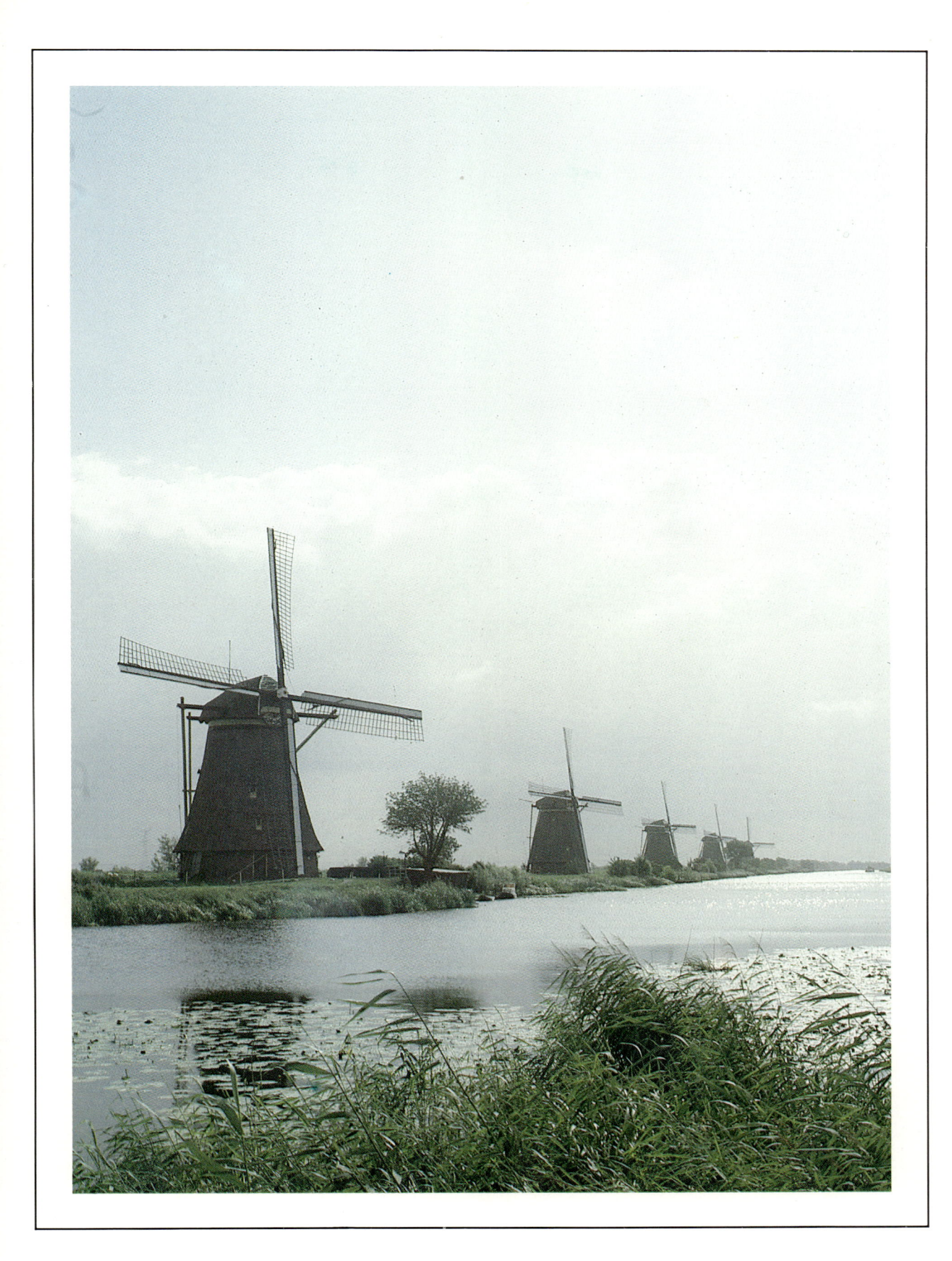

- Winter rond Souburgh.
- Winter around Souburgh.
- Hiver autour de Souburgh.
- Winter um Souburgh.

- Winter te Kinderdijk.
- Winter in Kinderdijk.
- Hiver au Kinderdijk.
- Winter in Kinderdijk.

- Hof Souburgh.
- Souburgh garden.
- Enclos Souburgh.
- Hof Souburgh.

- Rust op de Lek.
- Peace on the Lek.
- Repos aur le Lek.
- Ruhe auf der Lek.

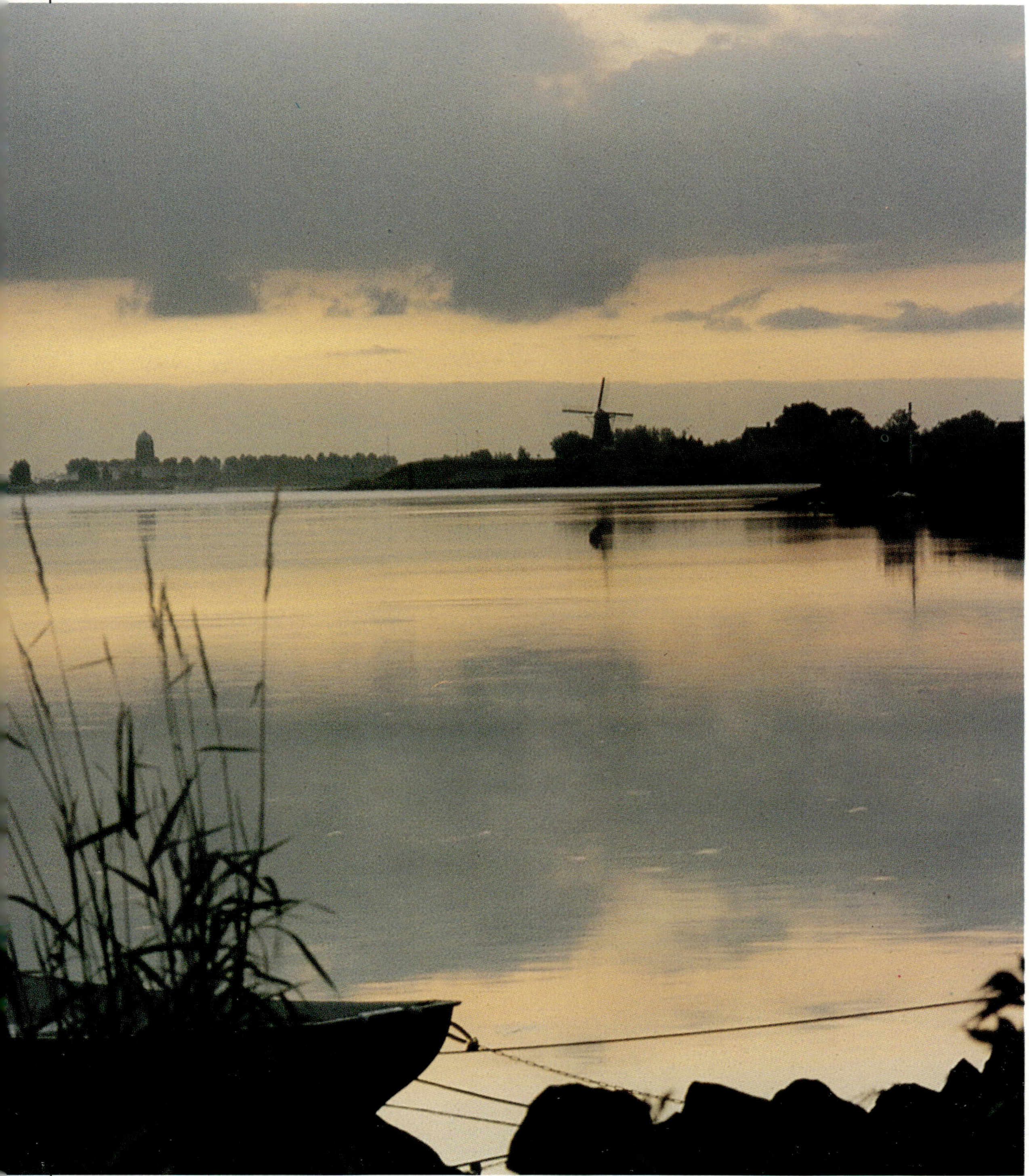

- Strandje aan de Lek.
- Small beach by the Lek.
- Petite plage sur le Lek.
- Strand an der Lek.

- Kribben in de Lek.
- Groynes in the Lek.
- Construction d'épis sur le Lek.
- Buhnen in der Lek.

- Betonindustrie aan de Lek.
- Concrete industry by the Lek.
- Industrie du béton le long du Lek.
- Betonindustrie an der Lek.

- Pittoresk.
- Picturesque.
- Pittoresque.
- Malerisch.

- ... en de dijk steeds hoger!
- ... and the dyke continually higher!
- ... les digues de plus en plus hautes!
- ... und der Deich immer höher!

- Bloeiend voorjaar.
- Flowering spring.
- Printemps fleuri.
- Blühendes Frühjahr.

- Molenaar: Een oud beroep.
- Miller: an ancient calling.
- Meunier: une ancienne profession.
- Müller: ein alter Beruf.

- Wipmolen aan de Ammerse Boezem.
- Smockmill by the Ammerse Boezem.
- Moulin araignée le long du Ammerse Boezem.
- Eine Bockwindmhle am Ammerse Boezem.

- Spelevaren op de Lek.
- Boating on the Lek.
- Promenade en bateau sur le Lek.
- Spazierfahrt auf der Lek.

• 'Vestingstadje' Nieuwpoort. • 'Garrison town' Nieuwpoort. • 'Petite ville fortifiée' Nieuwpoort. • 'Die kleine Festungsstad' Nieuwpoort.

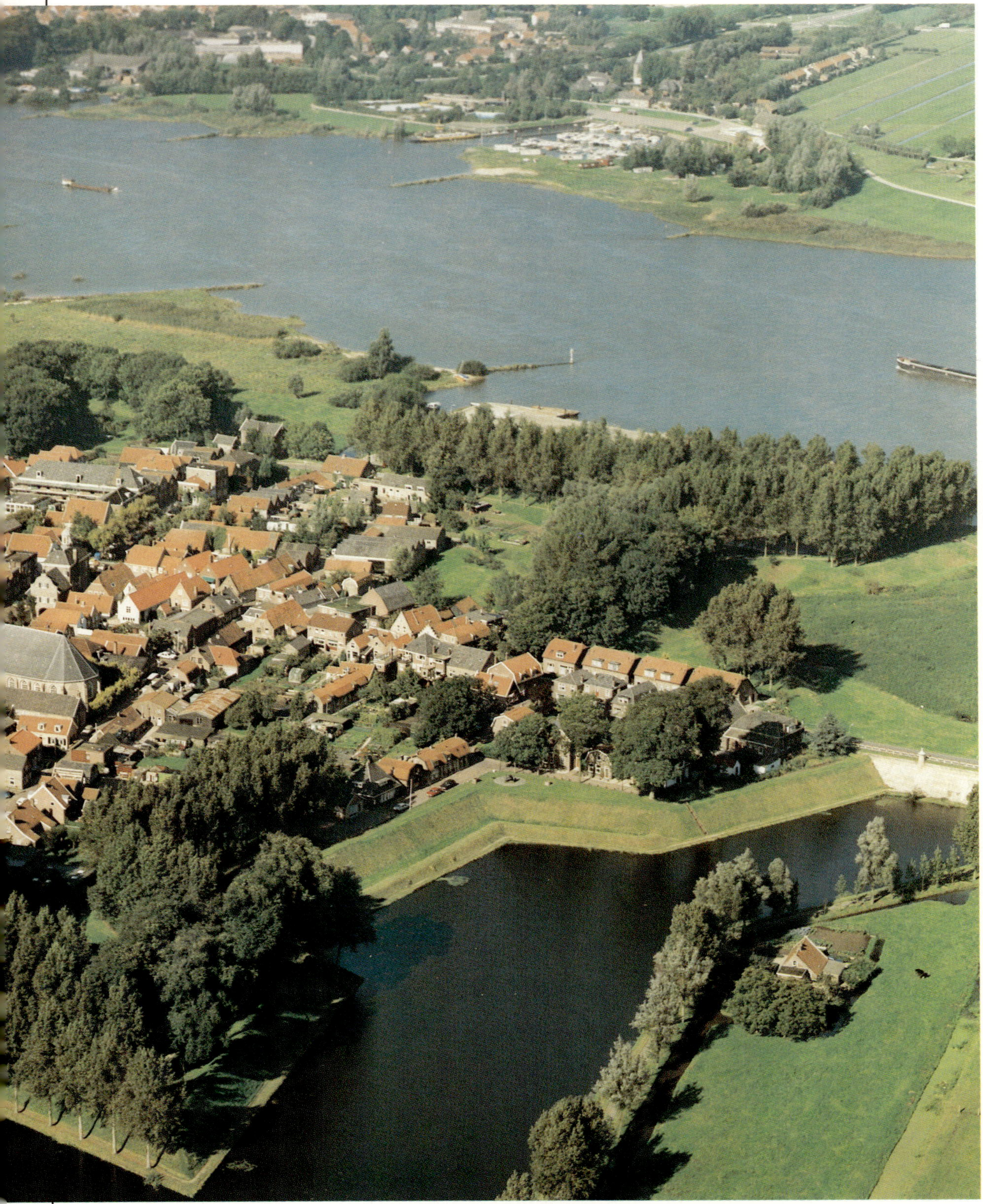

- Het in 1697 gebouwde stadhuis van het kleinste stadje uit de streek (Nieuwpoort, stadsrechten in 1283).
- The Town Hall (built in 1697) of the smallest town in the district (Nieuwpoort, granted franchise in 1283).
- L'hôtel de ville construit en 1697 de la plus petite ville de la région (Nieuwpoort, droits de cité en 1283).
- Das im Jahre 1697 gebaute Rathaus des kleinsten Städtchens der Region (Nieuwpoort, erhielt das Stadtrecht im Jahre 1283).

- 'Tante Pos'.
- 'Postal service'.
- 'Tante Pos' Les P. et T.
- 'Die gute alte Post'.

- Vestingwerken Nieuwpoort.
- Nieuwpoort fortifications.
- Fortifications Nieuwpoort.
- Festungsanlagen in Nieuwpoort.

- Dijkverhogingen geven de kerk van Tienhoven steeds minder lucht.
- Raising the height of the dykes has gradually given the church of Tienhoven less and less air.
- L'église de Tienhoven disparaît de plus en plus après les rehaussements des digues.
- Deicherhöhungen lassen der Kirche von Tienhoven immer weniger Luft.

- Ameide.

- 'Pootje Baaien'.
- 'Paddling'.
- 'Les pieds dans l'eau'.
- 'Wasser treten'.

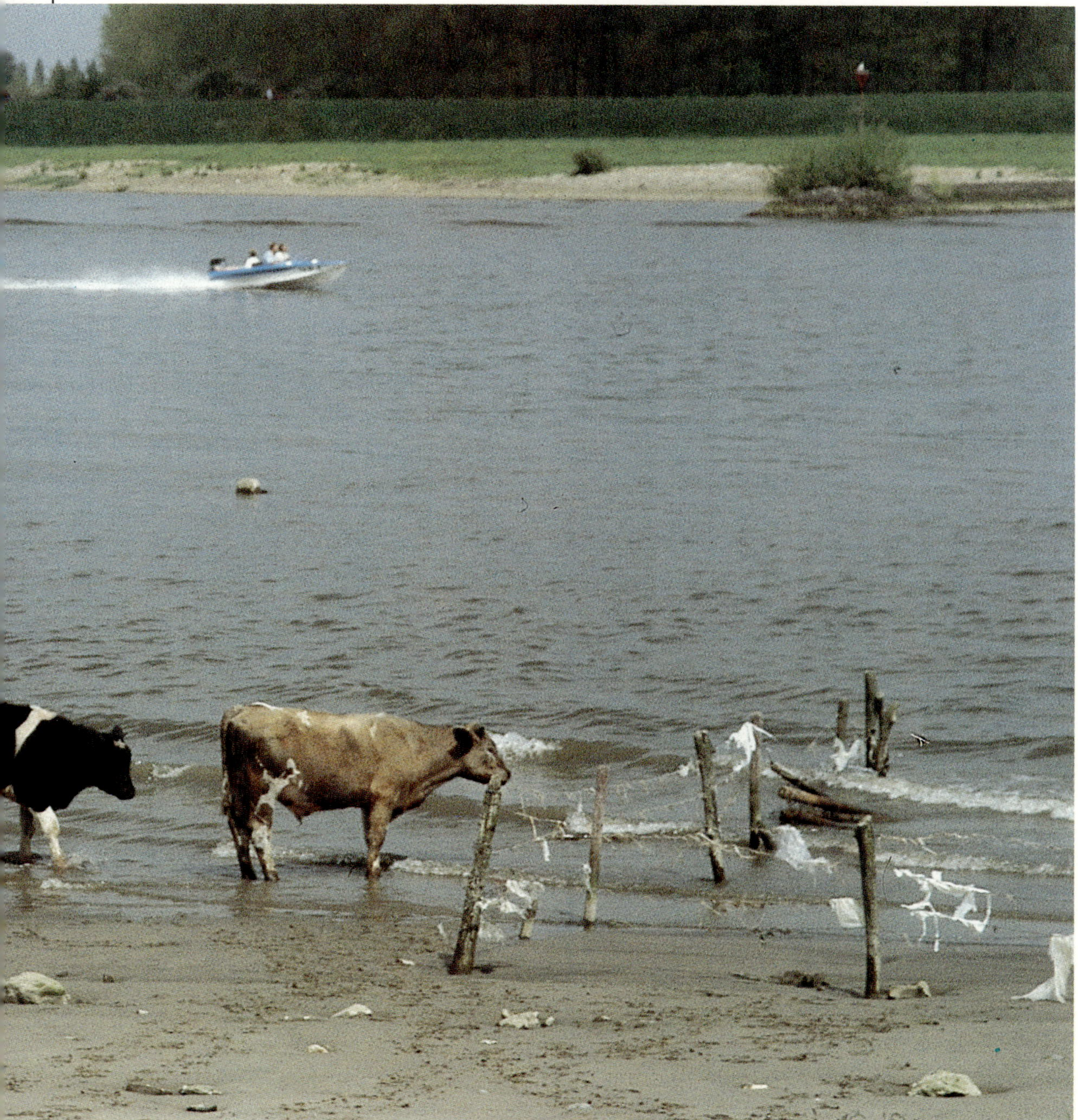

• Trots van de Alblasserwaard.

• The pride of the Alblasserwaard.

• Gloire de l'Alblasserwaard.

• Der Stolz vom Alblasserwaard.